I0396677

This Book
Belongs To

_____

_____

_____

Please Return With Care

Barbara Appleby Books

This is for all writers that do book signings.
If someone wants a autographed copy to be sent
or wants to preorder here is the perfect receipt
book for you the author.
We are proud of you!

Other Books you might like.

Write Your Mystery Journal,
  Write Your Mystery Series Volume 1
Write Your Mystery Workbook,
  Write Your Mystery Series Volume 2
Write Your Mystery Calendar,
  Write Your Mystery Series Volume 3
Write Your Mystery Receipt Book,
  Write Your Mystery Series Volume 4

ALL RIGHTS RESERVED

Barbara Appleby Books

barbarappleby.weebly.com

No portion of this publication may be reproduced, stored
in any electronic system, or transmitted in any form or by any
means electronic, mechanical, photocopy, recording or otherwise,
without prior written permission from the author.
Except in brief reviews.
Barbara Appleby © 2015

Order #_____ | Order #_____

Person Ordering | Person Ordering
_____ | _____
_____ | _____
_____ | _____

Phone#_____ | Phone#_____

E-Mail | E-Mail
_____ | _____

Items | Items
_____ | _____
_____ | _____
_____ | _____
_____ | _____

Total _____ | Total _____

Order #_____ | Order #_____

Person Ordering | Person Ordering
_____ | _____
_____ | _____
_____ | _____

Phone#_____ | Phone#_____

E-Mail | E-Mail
_____ | _____

Items | Items
_____ | _____
_____ | _____
_____ | _____
_____ | _____

Total _____ | Total _____

Thank-You!

Thank-You!

Order #_____   Order #_____

Person Ordering   Person Ordering
_____   _____
_____   _____
_____   _____

Phone#_____   Phone#_____

E-Mail   E-Mail
_____   _____

Items   Items
_____   _____
_____   _____
_____   _____
_____   _____

Total _____   Total _____

Order #_____   Order #_____

Person Ordering   Person Ordering
_____   _____
_____   _____
_____   _____

Phone#_____   Phone#_____

E-Mail   E-Mail
_____   _____

Items   Items
_____   _____
_____   _____
_____   _____
_____   _____

Total _____   Total _____

Thank-You!

Thank-You!

Order #_____ | Order #_____

Person Ordering | Person Ordering

_____ | _____
_____ | _____
_____ | _____

Phone#_____ | Phone#_____

E-Mail | E-Mail

_____ | _____

Items | Items

_____ | _____
_____ | _____
_____ | _____
_____ | _____

Total _____ | Total _____

- -

Order #_____ | Order #_____

Person Ordering | Person Ordering

_____ | _____
_____ | _____
_____ | _____

Phone#_____ | Phone#_____

E-Mail | E-Mail

_____ | _____

Items | Items

_____ | _____
_____ | _____
_____ | _____
_____ | _____

Total _____ | Total _____

Thank-You!

Thank-You!

Order #_____ | Order #_____

Person Ordering | Person Ordering

_____ | _____
_____ | _____
_____ | _____

Phone#_____ | Phone#_____

E-Mail | E-Mail

_____ | _____

Items | Items

_____ | _____
_____ | _____
_____ | _____
_____ | _____

Total _____ | Total _____

Order #_____ | Order #_____

Person Ordering | Person Ordering

_____ | _____
_____ | _____
_____ | _____

Phone#_____ | Phone#_____

E-Mail | E-Mail

_____ | _____

Items | Items

_____ | _____
_____ | _____
_____ | _____
_____ | _____

Total _____ | Total _____

Thank-You!

Thank-You!

Order #_____ | Order #_____

Person Ordering | Person Ordering

_____ | _____
_____ | _____
_____ | _____

Phone#_____ | Phone#_____

E-Mail | E-Mail

_____ | _____

Items | Items

_____ | _____
_____ | _____
_____ | _____
_____ | _____

Total _____ | Total _____

Order #_____ | Order #_____

Person Ordering | Person Ordering

_____ | _____
_____ | _____
_____ | _____

Phone#_____ | Phone#_____

E-Mail | E-Mail

_____ | _____

Items | Items

_____ | _____
_____ | _____
_____ | _____
_____ | _____

Total _____ | Total _____

Thank-You!

Thank-You!

Order #_____

Person Ordering

_____
_____
_____

Phone#_____

E-Mail

_____

Items

_____
_____
_____

Total _____

Order #_____

Person Ordering

_____
_____
_____

Phone#_____

E-Mail

_____

Items

_____
_____
_____
_____

Total _____

Order #_____

Person Ordering

_____
_____
_____

Phone#_____

E-Mail

_____

Items

_____
_____
_____
_____

Total _____

Order #_____

Person Ordering

_____
_____
_____

Phone#_____

E-Mail

_____

Items

_____
_____
_____
_____

Total _____

Thank-You!

Thank-You!

Order #_____ | Order #_____

Person Ordering | Person Ordering

_____ | _____
_____ | _____
_____ | _____

Phone#_____ | Phone#_____

E-Mail | E-Mail

_____ | _____

Items | Items

_____ | _____
_____ | _____
_____ | _____
_____ | _____

Total _____ | Total _____

Order #_____ | Order #_____

Person Ordering | Person Ordering

_____ | _____
_____ | _____
_____ | _____

Phone#_____ | Phone#_____

E-Mail | E-Mail

_____ | _____

Items | Items

_____ | _____
_____ | _____
_____ | _____
_____ | _____

Total _____ | Total _____

Thank-You!

Thank-You!

Order #_____

Person Ordering

_____

_____

_____

Phone#_____

E-Mail

_____

Items

_____

_____

_____

_____

Total _____

Order #_____

Person Ordering

_____

_____

_____

Phone#_____

E-Mail

_____

Items

_____

_____

_____

_____

Total _____

Order #_____

Person Ordering

_____

_____

_____

Phone#_____

E-Mail

_____

Items

_____

_____

_____

_____

Total _____

Order #_____

Person Ordering

_____

_____

_____

Phone#_____

E-Mail

_____

Items

_____

_____

_____

_____

Total _____

Thank-You!

Thank-You!

Order #_____ | Order #_____

Person Ordering | Person Ordering

_____ | _____
_____ | _____
_____ | _____

Phone#_____ | Phone#_____

E-Mail | E-Mail

_____ | _____

Items | Items

_____ | _____
_____ | _____
_____ | _____
_____ | _____

Total _____ | Total _____

Order #_____ | Order #_____

Person Ordering | Person Ordering

_____ | _____
_____ | _____
_____ | _____

Phone#_____ | Phone#_____

E-Mail | E-Mail

_____ | _____

Items | Items

_____ | _____
_____ | _____
_____ | _____
_____ | _____

Total _____ | Total _____

Thank-You!

- -

Thank-You!

Order #_____

Person Ordering
_____
_____
_____

Phone#_____

E-Mail
_____

Items
_____
_____
_____
_____

Total _____

Order #_____

Person Ordering
_____
_____
_____

Phone#_____

E-Mail
_____

Items
_____
_____
_____
_____

Total _____

Order #_____

Person Ordering
_____
_____
_____

Phone#_____

E-Mail
_____

Items
_____
_____
_____
_____

Total _____

Order #_____

Person Ordering
_____
_____
_____

Phone#_____

E-Mail
_____

Items
_____
_____
_____
_____

Total _____

Thank-You!

Thank-You!

Order #_____

Person Ordering

_____

_____

_____

Phone#_____

E-Mail

_____

Items

_____

_____

_____

_____

Total _____

Order #_____

Person Ordering

_____

_____

_____

Phone#_____

E-Mail

_____

Items

_____

_____

_____

_____

Total _____

Order #_____

Person Ordering

_____

_____

_____

Phone#_____

E-Mail

_____

Items

_____

_____

_____

_____

Total _____

Order #_____

Person Ordering

_____

_____

_____

Phone#_____

E-Mail

_____

Items

_____

_____

_____

_____

Total _____

Thank-You!

Thank-You!

Order #_____ | Order #_____

Person Ordering | Person Ordering

_____ | _____
_____ | _____
_____ | _____

Phone#_____ | Phone#_____

E-Mail | E-Mail

_____ | _____

Items | Items

_____ | _____
_____ | _____
_____ | _____
_____ | _____

Total _____ | Total _____

- -

Order #_____ | Order #_____

Person Ordering | Person Ordering

_____ | _____
_____ | _____
_____ | _____

Phone#_____ | Phone#_____

E-Mail | E-Mail

_____ | _____

Items | Items

_____ | _____
_____ | _____
_____ | _____
_____ | _____

Total _____ | Total _____

Thank-You!

Thank-You!

Order #_____

Person Ordering

_____

_____

_____

Phone#_____

E-Mail

_____

Items

_____

_____

_____

_____

Total _____

Order #_____

Person Ordering

_____

_____

_____

Phone#_____

E-Mail

_____

Items

_____

_____

_____

_____

Total _____

Order #_____

Person Ordering

_____

_____

_____

Phone#_____

E-Mail

_____

Items

_____

_____

_____

_____

Total _____

Order #_____

Person Ordering

_____

_____

_____

Phone#_____

E-Mail

_____

Items

_____

_____

_____

_____

Total _____

Thank-You!

- -

Thank-You!

Order #_____ | Order #_____

Person Ordering | Person Ordering

_____ | _____
_____ | _____
_____ | _____

Phone#_____ | Phone#_____

E-Mail | E-Mail

_____ | _____

Items | Items

_____ | _____
_____ | _____
_____ | _____
_____ | _____

Total _____ | Total _____

Order #_____ | Order #_____

Person Ordering | Person Ordering

_____ | _____
_____ | _____
_____ | _____

Phone#_____ | Phone#_____

E-Mail | E-Mail

_____ | _____

Items | Items

_____ | _____
_____ | _____
_____ | _____
_____ | _____

Total _____ | Total _____

Thank-You!

Thank-You!

Order #_____   Order #_____

Person Ordering   Person Ordering
_____   _____
_____   _____
_____   _____

Phone#_____   Phone#_____

E-Mail   E-Mail
_____   _____

Items   Items
_____   _____
_____   _____
_____   _____
_____   _____

Total _____   Total _____

Order #_____   Order #_____

Person Ordering   Person Ordering
_____   _____
_____   _____
_____   _____

Phone#_____   Phone#_____

E-Mail   E-Mail
_____   _____

Items   Items
_____   _____
_____   _____
_____   _____
_____   _____

Total _____   Total _____

Thank-You!

Thank-You!

Order #_____   Order #_____

Person Ordering   Person Ordering

_____   _____
_____   _____
_____   _____

Phone#_____   Phone#_____

E-Mail   E-Mail

_____   _____

Items   Items

_____   _____
_____   _____
_____   _____
_____   _____

Total _____   Total _____

Order #_____   Order #_____

Person Ordering   Person Ordering

_____   _____
_____   _____
_____   _____

Phone#_____   Phone#_____

E-Mail   E-Mail

_____   _____

Items   Items

_____   _____
_____   _____
_____   _____
_____   _____

Total _____   Total _____

Thank-You!

Thank-You!

Order #_____   Order #_____

Person Ordering   Person Ordering
_____   _____
_____   _____
_____   _____

Phone#_____   Phone#_____

E-Mail   E-Mail
_____   _____

Items   Items
_____   _____
_____   _____
_____   _____
_____   _____

Total _____   Total _____

- -

Order #_____   Order #_____

Person Ordering   Person Ordering
_____   _____
_____   _____
_____   _____

Phone#_____   Phone#_____

E-Mail   E-Mail
_____   _____

Items   Items
_____   _____
_____   _____
_____   _____
_____   _____

Total _____   Total _____

Thank-You!

Thank-You!

Order #_____

Person Ordering

_____

_____

_____

Phone#_____

E-Mail

_____

Items

_____

_____

_____

Total _____

Order #_____

Person Ordering

_____

_____

_____

Phone#_____

E-Mail

_____

Items

_____

_____

_____

Total _____

Order #_____

Person Ordering

_____

_____

_____

Phone#_____

E-Mail

_____

Items

_____

_____

_____

_____

Total _____

Order #_____

Person Ordering

_____

_____

_____

Phone#_____

E-Mail

_____

Items

_____

_____

_____

_____

Total _____

Thank-You!

Thank-You!

Order #_____   Order #_____

Person Ordering   Person Ordering
_____   _____
_____   _____
_____   _____

Phone#_____   Phone#_____

E-Mail   E-Mail
_____   _____

Items   Items
_____   _____
_____   _____
_____   _____
_____   _____

Total _____   Total _____

- -

Order #_____   Order #_____

Person Ordering   Person Ordering
_____   _____
_____   _____
_____   _____

Phone#_____   Phone#_____

E-Mail   E-Mail
_____   _____

Items   Items
_____   _____
_____   _____
_____   _____
_____   _____

Total _____   Total _____

Thank-You!

Thank-You!

Order #_____

Person Ordering

_____
_____
_____

Phone#_____

E-Mail

_____

Items

_____
_____
_____
_____

Total _____

Order #_____

Person Ordering

_____ _____
_____ _____
_____

Phone#_____

E-Mail

_____

Items

_____ _____
_____ _____
_____ _____
_____

Total _____

Order #_____

Person Ordering

_____
_____
_____

Phone#_____

E-Mail

_____

Items

_____
_____
_____
_____

Total _____

Order #_____

Person Ordering

_____ _____
_____ _____
_____

Phone#_____

E-Mail

_____

Items

_____ _____
_____ _____
_____ _____
_____

Total _____

Thank-You!

Thank-You!

Order #_____

Person Ordering
_____
_____
_____

Phone#_____

E-Mail
_____

Items
_____
_____
_____
_____

Total _____

Order #_____

Person Ordering
_____
_____
_____

Phone#_____

E-Mail
_____

Items
_____
_____
_____
_____

Total _____

Order #_____

Person Ordering
_____
_____
_____

Phone#_____

E-Mail
_____

Items
_____
_____
_____
_____

Total _____

Order #_____

Person Ordering
_____
_____
_____

Phone#_____

E-Mail
_____

Items
_____
_____
_____
_____

Total _____

Thank-You!

Thank-You!

Order #_____   Order #_____

Person Ordering   Person Ordering
_____   _____   _____
_____   _____   _____
_____   _____   _____

Phone#_____   Phone#_____

E-Mail   E-Mail
_____   _____

Items   Items
_____   _____   _____
_____   _____   _____
_____   _____   _____
_____   _____   _____

Total _____   Total _____

Order #_____   Order #_____

Person Ordering   Person Ordering
_____   _____   _____
_____   _____   _____
_____   _____   _____

Phone#_____   Phone#_____

E-Mail   E-Mail
_____   _____

Items   Items
_____   _____   _____
_____   _____   _____
_____   _____   _____
_____   _____   _____

Total _____   Total _____

Thank-You!

- -

Thank-You!

Order #_____ | Order #_____

Person Ordering | Person Ordering
_____ | _____
_____ | _____
_____ | _____

Phone#_____ | Phone#_____

E-Mail | E-Mail
_____ | _____

Items | Items
_____ | _____
_____ | _____
_____ | _____
_____ | _____

Total _____ | Total _____

Order #_____ | Order #_____

Person Ordering | Person Ordering
_____ | _____
_____ | _____
_____ | _____

Phone#_____ | Phone#_____

E-Mail | E-Mail
_____ | _____

Items | Items
_____ | _____
_____ | _____
_____ | _____
_____ | _____

Total _____ | Total _____

Thank-You!

Thank-You!

Order #_____ | Order #_____

Person Ordering | Person Ordering

_____ | _____
_____ | _____
_____ | _____

Phone#_____ | Phone#_____

E-Mail | E-Mail

_____ | _____

Items | Items

_____ | _____
_____ | _____
_____ | _____
_____ | _____

Total _____ | Total _____

Order #_____ | Order #_____

Person Ordering | Person Ordering

_____ | _____
_____ | _____
_____ | _____

Phone#_____ | Phone#_____

E-Mail | E-Mail

_____ | _____

Items | Items

_____ | _____
_____ | _____
_____ | _____
_____ | _____

Total _____ | Total _____

Thank-You!

Thank-You!

Order #_____

Person Ordering
_____
_____
_____

Phone#_____

E-Mail
_____

Items
_____
_____
_____
_____

Total _____

Order #_____

Person Ordering
_____
_____
_____

Phone#_____

E-Mail
_____

Items
_____
_____
_____
_____

Total _____

Order #_____

Person Ordering
_____
_____
_____

Phone#_____

E-Mail
_____

Items
_____
_____
_____
_____

Total _____

Order #_____

Person Ordering
_____
_____
_____

Phone#_____

E-Mail
_____

Items
_____
_____
_____
_____

Total _____

Thank-You!

Thank-You!

Order #_____   Order #_____

Person Ordering   Person Ordering
_____   _____
_____   _____
_____   _____

Phone#_____   Phone#_____

E-Mail   E-Mail
_____   _____

Items   Items
_____   _____
_____   _____
_____   _____
_____   _____

Total _____   Total _____

Order #_____   Order #_____

Person Ordering   Person Ordering
_____   _____
_____   _____
_____   _____

Phone#_____   Phone#_____

E-Mail   E-Mail
_____   _____

Items   Items
_____   _____
_____   _____
_____   _____
_____   _____

Total _____   Total _____

Thank-You!

Thank-You!

Order #_____

Person Ordering

_____

_____

_____

Phone#_____

E-Mail

_____

Items

_____

_____

_____

_____

Total _____

Order #_____

Person Ordering

_____

_____

_____

Phone#_____

E-Mail

_____

Items

_____

_____

_____

_____

Total _____

Order #_____

Person Ordering

_____

_____

_____

Phone#_____

E-Mail

_____

Items

_____

_____

_____

_____

Total _____

Order #_____

Person Ordering

_____

_____

_____

Phone#_____

E-Mail

_____

Items

_____

_____

_____

_____

Total _____

Thank-You!

- -

Thank-You!

Order #_____

Person Ordering

_____

_____

_____

Phone#_____

E-Mail

_____

Items

_____

_____

_____

_____

Total _____

Order #_____

Person Ordering

_____

_____

_____

Phone#_____

E-Mail

_____

Items

_____

_____

_____

_____

Total _____

Order #_____

Person Ordering

_____

_____

_____

Phone#_____

E-Mail

_____

Items

_____

_____

_____

_____

Total _____

Order #_____

Person Ordering

_____

_____

_____

Phone#_____

E-Mail

_____

Items

_____

_____

_____

_____

Total _____

Thank-You!

- -

Thank-You!

Order #_____ Order #_____

Person Ordering Person Ordering

_____ _____

_____ _____

_____ _____

Phone#_____ Phone#_____

E-Mail E-Mail

_____ _____

Items Items

_____ _____

_____ _____

_____ _____

_____ _____

Total _____ Total _____

Order #_____ Order #_____

Person Ordering Person Ordering

_____ _____

_____ _____

_____ _____

Phone#_____ Phone#_____

E-Mail E-Mail

_____ _____

Items Items

_____ _____

_____ _____

_____ _____

_____ _____

Total _____ Total _____

Thank-You!

Thank-You!

Order #_____

Person Ordering
_____
_____
_____

Phone#_____

E-Mail
_____

Items
_____
_____
_____
_____

Total _____

Order #_____

Person Ordering
_____
_____
_____

Phone#_____

E-Mail
_____

Items
_____
_____
_____
_____

Total _____

Order #_____

Person Ordering
_____
_____
_____

Phone#_____

E-Mail
_____

Items
_____
_____
_____
_____

Total _____

Order #_____

Person Ordering
_____
_____
_____

Phone#_____

E-Mail
_____

Items
_____
_____
_____
_____

Total _____

Thank-You!

Thank-You!

Order #_____

Person Ordering

_____

_____

_____

Phone#_____

E-Mail

_____

Items

_____

_____

_____

_____

Total _____

Order #_____

Person Ordering

_____

_____

_____

Phone#_____

E-Mail

_____

Items

_____

_____

_____

_____

Total _____

Order #_____

Person Ordering

_____

_____

_____

Phone#_____

E-Mail

_____

Items

_____

_____

_____

_____

Total _____

Order #_____

Person Ordering

_____

_____

_____

Phone#_____

E-Mail

_____

Items

_____

_____

_____

_____

Total _____

Thank-You!

Thank-You!

Order #_____

Person Ordering

_____

_____

_____

Phone#_____

E-Mail

_____

Items

_____

_____

_____

_____

Total _____

Order #_____

Person Ordering

_____

_____

_____

Phone#_____

E-Mail

_____

Items

_____

_____

_____

_____

Total _____

Order #_____

Person Ordering

_____

_____

_____

Phone#_____

E-Mail

_____

Items

_____

_____

_____

_____

Total _____

Order #_____

Person Ordering

_____

_____

_____

Phone#_____

E-Mail

_____

Items

_____

_____

_____

_____

Total _____

Thank-You!

Thank-You!

Order #_____ | Order #_____

Person Ordering | Person Ordering

_____ | _____

_____ | _____

_____ | _____

Phone#_____ | Phone#_____

E-Mail | E-Mail

_____ | _____

Items | Items

_____ | _____

_____ | _____

_____ | _____

_____ | _____

Total _____ | Total _____

- -

Order #_____ | Order #_____

Person Ordering | Person Ordering

_____ | _____

_____ | _____

_____ | _____

Phone#_____ | Phone#_____

E-Mail | E-Mail

_____ | _____

Items | Items

_____ | _____

_____ | _____

_____ | _____

_____ | _____

Total _____ | Total _____

Thank-You!

Thank-You!

Order #_____

Person Ordering
_____
_____
_____

Phone#_____

E-Mail
_____

Items
_____
_____
_____
_____

Total _____

Order #_____

Person Ordering
_____
_____
_____

Phone#_____

E-Mail
_____

Items
_____
_____
_____
_____

Total _____

Order #_____

Person Ordering
_____
_____
_____

Phone#_____

E-Mail
_____

Items
_____
_____
_____
_____

Total _____

Order #_____

Person Ordering
_____
_____
_____

Phone#_____

E-Mail
_____

Items
_____
_____
_____
_____

Total _____

Thank-You!

- -

Thank-You!

Order #_____

Person Ordering

_____

_____

_____

Phone#_____

E-Mail

_____

Items

_____

_____

_____

_____

Total _____

Order #_____

Person Ordering

_____

_____

_____

Phone#_____

E-Mail

_____

Items

_____

_____

_____

_____

Total _____

Order #_____

Person Ordering

_____

_____

_____

Phone#_____

E-Mail

_____

Items

_____

_____

_____

_____

Total _____

Order #_____

Person Ordering

_____

_____

_____

Phone#_____

E-Mail

_____

Items

_____

_____

_____

_____

Total _____

Thank-You!

Thank-You!

Order #_____ | Order #_____

Person Ordering | Person Ordering

_____ | _____

_____ | _____

_____ | _____

Phone#_____ | Phone#_____

E-Mail | E-Mail

_____ | _____

Items | Items

_____ | _____

_____ | _____

_____ | _____

_____ | _____

Total _____ | Total _____

Order #_____ | Order #_____

Person Ordering | Person Ordering

_____ | _____

_____ | _____

_____ | _____

Phone#_____ | Phone#_____

E-Mail | E-Mail

_____ | _____

Items | Items

_____ | _____

_____ | _____

_____ | _____

_____ | _____

Total _____ | Total _____

Thank-You!

Thank-You!

Order #_____ | Order #_____

Person Ordering | Person Ordering

_____ | _____
_____ | _____
_____ | _____

Phone#_____ | Phone#_____

E-Mail | E-Mail

_____ | _____

Items | Items

_____ | _____
_____ | _____
_____ | _____
_____ | _____

Total _____ | Total _____

Order #_____ | Order #_____

Person Ordering | Person Ordering

_____ | _____
_____ | _____
_____ | _____

Phone#_____ | Phone#_____

E-Mail | E-Mail

_____ | _____

Items | Items

_____ | _____
_____ | _____
_____ | _____
_____ | _____

Total _____ | Total _____

Thank-You!

Thank-You!

Order #_____

Person Ordering

_____

_____

_____

Phone#_____

E-Mail

_____

Items

_____

_____

_____

_____

Total _____

Order #_____

Person Ordering

_____

_____

_____

Phone#_____

E-Mail

_____

Items

_____

_____

_____

_____

Total _____

Order #_____

Person Ordering

_____

_____

_____

Phone#_____

E-Mail

_____

Items

_____

_____

_____

_____

Total _____

Order #_____

Person Ordering

_____

_____

_____

Phone#_____

E-Mail

_____

Items

_____

_____

_____

_____

Total _____

Thank-You!

Thank-You!

Order #_____ | Order #_____

Person Ordering | Person Ordering

_____ | _____
_____ | _____
_____ | _____

Phone#_____ | Phone#_____

E-Mail | E-Mail

_____ | _____

Items | Items

_____ | _____
_____ | _____
_____ | _____
_____ | _____

Total _____ | Total _____

Order #_____ | Order #_____

Person Ordering | Person Ordering

_____ | _____
_____ | _____
_____ | _____

Phone#_____ | Phone#_____

E-Mail | E-Mail

_____ | _____

Items | Items

_____ | _____
_____ | _____
_____ | _____
_____ | _____

Total _____ | Total _____

Thank-You!

Thank-You!

Order #_____   Order #_____

Person Ordering   Person Ordering

_____   _____
_____   _____
_____   _____

Phone#_____   Phone#_____

E-Mail   E-Mail

_____   _____

Items   Items

_____   _____
_____   _____
_____   _____
_____   _____

Total _____   Total _____

Order #_____   Order #_____

Person Ordering   Person Ordering

_____   _____
_____   _____
_____   _____

Phone#_____   Phone#_____

E-Mail   E-Mail

_____   _____

Items   Items

_____   _____
_____   _____
_____   _____
_____   _____

Total _____   Total _____

Thank-You!

Thank-You!

Order #_____

Person Ordering

_____
_____
_____

Phone#_____

E-Mail

_____

Items

_____
_____
_____
_____

Total _____

Order #_____

Person Ordering

_____
_____
_____

Phone#_____

E-Mail

_____

Items

_____
_____
_____
_____

Total _____

Order #_____

Person Ordering

_____
_____
_____

Phone#_____

E-Mail

_____

Items

_____
_____
_____
_____

Total _____

Order #_____

Person Ordering

_____
_____
_____

Phone#_____

E-Mail

_____

Items

_____
_____
_____
_____

Total _____

Thank-You!

- -

Thank-You!

Order #_____ | Order #_____

Person Ordering | Person Ordering

_____ | _____

_____ | _____

_____ | _____

Phone#_____ | Phone#_____

E-Mail | E-Mail

_____ | _____

Items | Items

_____ | _____

_____ | _____

_____ | _____

_____ | _____

Total _____ | Total _____

Order #_____ | Order #_____

Person Ordering | Person Ordering

_____ | _____

_____ | _____

_____ | _____

Phone#_____ | Phone#_____

E-Mail | E-Mail

_____ | _____

Items | Items

_____ | _____

_____ | _____

_____ | _____

_____ | _____

Total _____ | Total _____

Thank-You!

Thank-You!

Order #_____ | Order #_____

Person Ordering | Person Ordering

_____ | _____
_____ | _____
_____ | _____

Phone#_____ | Phone#_____

E-Mail | E-Mail

_____ | _____

Items | Items

_____ | _____
_____ | _____
_____ | _____
_____ | _____

Total _____ | Total _____

- -

Order #_____ | Order #_____

Person Ordering | Person Ordering

_____ | _____
_____ | _____
_____ | _____

Phone#_____ | Phone#_____

E-Mail | E-Mail

_____ | _____

Items | Items

_____ | _____
_____ | _____
_____ | _____
_____ | _____

Total _____ | Total _____

Thank-You!

Thank-You!

Order #_____ | Order #_____

Person Ordering | Person Ordering

_____ | _____
_____ | _____
_____ | _____

Phone#_____ | Phone#_____

E-Mail | E-Mail

_____ | _____

Items | Items

_____ | _____
_____ | _____
_____ | _____

Total _____ | Total _____

Order #_____ | Order #_____

Person Ordering | Person Ordering

_____ | _____
_____ | _____
_____ | _____

Phone#_____ | Phone#_____

E-Mail | E-Mail

_____ | _____

Items | Items

_____ | _____
_____ | _____
_____ | _____
_____ | _____

Total _____ | Total _____

Thank-You!

Thank-You!

Order #_____

Person Ordering

_____

_____

_____

Phone#_____

E-Mail

_____

Items

_____

_____

_____

_____

Total _____

Order #_____

Person Ordering

_____

_____

_____

Phone#_____

E-Mail

_____

Items

_____

_____

_____

_____

Total _____

Order #_____

Person Ordering

_____

_____

_____

Phone#_____

E-Mail

_____

Items

_____

_____

_____

_____

Total _____

Order #_____

Person Ordering

_____

_____

_____

Phone#_____

E-Mail

_____

Items

_____

_____

_____

_____

Total _____

Thank-You!

Thank-You!

Order #_____

Person Ordering

_____

_____

_____

Phone#_____

E-Mail

_____

Items

_____

_____

_____

_____

Total _____

Order #_____

Person Ordering

_____

_____

_____

Phone#_____

E-Mail

_____

Items

_____

_____

_____

_____

Total _____

Order #_____

Person Ordering

_____

_____

_____

Phone#_____

E-Mail

_____

Items

_____

_____

_____

_____

Total _____

Order #_____

Person Ordering

_____

_____

_____

Phone#_____

E-Mail

_____

Items

_____

_____

_____

_____

Total _____

Thank-You!

Thank-You!

Order #_____ | Order #_____

Person Ordering | Person Ordering

_____ | _____
_____ | _____
_____ | _____

Phone#_____ | Phone#_____

E-Mail | E-Mail

_____ | _____

Items | Items

_____ | _____
_____ | _____
_____ | _____
_____ | _____

Total _____ | Total _____

- -

Order #_____ | Order #_____

Person Ordering | Person Ordering

_____ | _____
_____ | _____
_____ | _____

Phone#_____ | Phone#_____

E-Mail | E-Mail

_____ | _____

Items | Items

_____ | _____
_____ | _____
_____ | _____
_____ | _____

Total _____ | Total _____

Thank-You!

Thank-You!

Order #_____

Person Ordering

_____

_____

_____

Phone#_____

E-Mail

_____

Items

_____

_____

_____

_____

Total _____

Order #_____

Person Ordering

_____

_____

_____

Phone#_____

E-Mail

_____

Items

_____

_____

_____

_____

Total _____

Order #_____

Person Ordering

_____

_____

_____

Phone#_____

E-Mail

_____

Items

_____

_____

_____

_____

Total _____

Order #_____

Person Ordering

_____

_____

_____

Phone#_____

E-Mail

_____

Items

_____

_____

_____

_____

Total _____

Thank-You!

Thank-You!

Order #_____

Person Ordering

_____

_____

_____

Phone#_____

E-Mail

_____

Items

_____

_____

_____

_____

Total _____

Order #_____

Person Ordering

_____

_____

_____

Phone#_____

E-Mail

_____

Items

_____

_____

_____

_____

Total _____

Order #_____

Person Ordering

_____

_____

_____

Phone#_____

E-Mail

_____

Items

_____

_____

_____

_____

Total _____

Order #_____

Person Ordering

_____

_____

_____

Phone#_____

E-Mail

_____

Items

_____

_____

_____

_____

Total _____

Thank-You!

- -

Thank-You!

Order #_____

Person Ordering

_____

_____

_____

Phone#_____

E-Mail

_____

Items

_____

_____

_____

_____

Total _____

Order #_____

Person Ordering

_____

_____

_____

Phone#_____

E-Mail

_____

Items

_____

_____

_____

_____

Total _____

Order #_____

Person Ordering

_____

_____

_____

Phone#_____

E-Mail

_____

Items

_____

_____

_____

_____

Total _____

Order #_____

Person Ordering

_____

_____

_____

Phone#_____

E-Mail

_____

Items

_____

_____

_____

_____

Total _____

Thank-You!

Thank-You!

8.5" x 11" (21.59 x 27.94 cm)

Black & White on White paper

ISBN-13: 978-1500943745

ISBN-10: 1500943746

BISAC: Language Arts & Disciplines / Publishing

"Writer's Write Calendar and Organizer" is a working writers best friend. It is a valuable tool to help make the most of their most precious resource; time. The•handy planning calendar is useful to track projects, and increase your productivity•and your income. This includes to Do List, Contacts Address, Notes, Book Launch,•Editing Day, Password List, Blog Post Planner, Book Signings and Reservations. •Make your planner a part of your life style and see the rewards of time well spent.

8.5" x 11" (21.59 x 27.94 cm)

Black & White on White paper

ISBN-13: 978-1511781497

ISBN-10: 1511781491

BISAC: Non-Classifiable / Non-Classifiable

My friends have ask for a coloring book for them. Adults

that work and run as hard as they can all day. They loved

coloring but didn't want to color children's coloring books.

They needed one of their own. I loved coloring as a child

and I love it today. This book is made to draw in and color

and you don't have to stay in the lines if you don't want to.

Barbara Appleby Books

If you want to know what
books that will be out next
    please join our mail list at
barbaraappleby.weebly.com
And also see our full line of
books.
We can be found on Facebook at
    Barbara Appleby Author.
Also at Twitter at @PenDrawings.

Other Books by Barbara Appleby

Anna The Yorkie Paper dog book
Church Calendar and Organizer
Color Me Christmas
Country Coloring Book
Good Enough to Frame
He Maketh Me to lie down beside the still waters a Blank Writing Journal
Let's Make A Cookbook
Letters To Santa
Lost Loves
My Favorite Recipes
My Novel Idea Mystery
My Novel Idea
My Novel Idea - Inspirational
Mystery of The Candlelight...
Nuggets of God's Word Bible...Study and Journal Buggy
Nuggets of God's Word Bible...Study and Journal Truck
Nuggets of God's Word Bible... Study and Journal Roses
Perfect Stories for Beginner..Readers vol 1. - The Sock Monster
Perfect Stories For Beginner..Reader vol 2.. - Through Granny's Garden Gate
Perfect Stories For Beginning...Readers vol 3. - Scary Scary Tale
Relaxing Coloring Book...
Relaxing Coloring Book...
Relaxing Men's Coloring Book
River Rat
River Rat vol 2
River Rat Coloring Book
Scary Scary Tale
Secrets from a Rose Rustler's...
Slim Days Ahead
Slim Days Ahead Journal
The Best Roses and Other...
The Dog Who Talked to Jesus
The Sock Monster
The Sock Monster Coloring Book
Through Granny's Garden Gate : A Book of Opposites
Ultimate Men's Coloring Book
Witches and Goblins a Halloween..Coloring Book.
Write Your Mystery a Workbook
Writer's Write Calendar...
Writer's Write Journal
Writers Write Receipt Book

www.ingramcontent.com/pod-product-compliance
Lightning Source LLC
Chambersburg PA
CBHW061148180526
45170CB00002B/666

* 9 7 8 1 5 4 4 6 9 3 7 4 3 *